TRAURIGKEIT

Zeichnungen von Adrianna Szewczyk

AF189149

Adrianna Agnieszka Szewczyk

Traurigkeit

Zeichnungen von Adrianna Szewczyk

BoD
Books on DEMAND

Bibliographische Information der Deutschen National-bibliothek.
Die Deutsche Nationalbibliothek verzeichnet diese Publikation in der Deutschen Nationalbibliothek, detaillierte bibliographische Daten sind im Internet über http://dnb.ddb.de abrufbar.

Umschlagentwurf und Layout: Ernst-Ulrich Hahmann

Herstellung und Verlag
BoD - Books on Demand, Norderstedt

Printed in Germany

ISBN 9 783748 109075

5,00 Euro

Inhalt

Hoffnung und Glaube

Ich saß im Park auf einer Bank,
ich war aber nicht allein.
Rechts von mir der Verlust; links die Hoffnung sei Dank,
wie konnte es auch anders sein.

„Was wird kommen? Wird alles gut?"
wollte ich von der Hoffnung wissen.
„Schau positiv in die Zukunft"
hat sie darauf gesagt, ganz beflissen.

„Was wird kommen? Wird alles gut?"
wollte ich dann wissen vom Verlust.
„Die Hoffnung sagt nur Unsinn. Es geht alles kaputt,
dass hast du doch schon gewusst."

Ich schaute traurig zur Hoffnung hin.
„Wird schon alles gut gehen,
nur Geduld musst du haben, sonst macht es keinen Sinn",
dabei war ein lächeln auf ihrem Gesicht zu sehen.

Vom Verlust und der Hoffnung hin und hergerissen,
flüsterte mir der Glauben ins Gewissen.
„Hör der Hoffnung zu, sie hat recht.
Du musst Glauben und es geht dir nicht mehr schlecht."

Ich stand auf und lief fort von der Bank,
Hoffnung im Herzen, Glauben in der Hand, Gott sei Dank.

Hier können Sie
ihre eigenen Gedanken und Gefühle
niederschreiben

Basta

Sterben,
nicht atmen,
verschwinden,
aufhören,
zerfließen,
weggehen oder bleiben?
sich winden am Boden,
in Staub sich verwandeln,
mit dem Finger darin schreiben:
Basta!

Für Dich!

Was für eine Liebe?
Was für Träume, wenn ich bei dir bliebe?
Ich habe nie geglaubt,
wie du mir fehlst, ganz überhaupt.
Ich habe dich angesehen,
und an dir nicht gezweifelt, auch wenn es ist, geschehen.
Ich danke Dir für die wunderschönen Träume, so sehr.
Allezeit bedeutest „Nur Du" für mich, kein anderer mehr.

Positive Traurigkeit

Ich bin kein Sklave deiner Vorstellungen mehr!
Habe die Schnauze voll vom guten Aussehen, so sehr!
Kann denken, hassen, lieben, fühlen und leiden.
In solch einen Käfig will ich nicht gefangen bleiben.
Ich wollte keine Erinnerungen mehr, das war mir klar.
Was nie wiederkommt, vergessen und alles, was war.

Wieso glaubst du das nicht?
Immer und immer wieder beschuldigst du mich.
Ich will nicht mehr bei dir sein,
und doch will ich geliebt werden, das wäre fein.

Das allein zählt für mich.
Ich sehe jetzt alles so klar, so ganz ohne dich.
Ich will nicht mehr all deine ständige Quälerei,
das ist wahr und keine Spinnerei.

Stark zu sein, um alles zu erreichen.
Dass alles weg ist zu begreifen.
Stark zu sein, um zu sehen, wie alles neu entsteht.
Zu begreifen, dass dir alles egal ist und es ohne dich geht.

14

Hier können Sie
ihre eigenen Gedanken und Gefühle
niederschreiben

Eine schlechte Zeit

Kommt eine schlechte Zeit
und wird der Himmel dann düster, weit und breit.
Jeder von uns fährt in eine andere Richtung dann davon, in
dieser Welt,
es soll sich jedoch keiner verlassen fühlen, auch wenn es
nicht gefällt.

Das Schicksal soll so sein,
dass es keinen von uns lässt allein.
Gott soll uns seinen Segen geben,
dass wir im Leben auf beiden Beinen bleiben stehen.

Und alles, was wir heimlich ersehnen,
soll das Motto für unser weiteres Leben ergeben.
Wenn wir dann nach langer Zeit kommen zurück,
dann sehen wir uns wieder, welch ein Glück.

Ein Freund mit Namen Krebs.

Mein Herz hatte ich in seine Hände gegeben
und ihn dann so vermisst …, das ist doch zu verstehen.
Habe mich dann von ihm getrennt nicht nur so eben,
geblieben ist eine Narbe …, im Inneren zu sehen.

Etwas war gescheitert,
etwas hatte sich verändert,
etwas hatte mich umgebracht,
Schade, es war nicht nur so wunderschön, wie in jener
Nacht.

Rhombus

Liebe sie blüht schön,
blüht schön im verborgenen.
Sie ist schön - na und?
Leidenschaft durchwärmt mich,
ich träume von dir,
was für eine Aufregung,
eine Erwärmung,
nein …

Hier können Sie
ihre eigenen Gedanken und Gefühle
niederschreiben

Surreale Welt

Ich habe geträumt,
ich werde nicht alleine bleiben.
Ich habe geträumt,
jemand wird die Liebe zu mir treiben.
Ich habe geträumt,
dass die Liebe mir wird gegeben.
Ich habe geträumt,
dass mein Schicksal ein anders ist in meinem Leben.

Ich habe geweint und geflucht,
aber keiner hat mich gehört.
Ich habe geschaut und gesucht,
aber neben mir war keiner zu finden, der mich betört.

Ich weiß nicht, wie soll ich nun handeln.
Ich weiß nicht, wohin soll ich jetzt wandeln.
Ich muss gegen mein Schicksal ankämpfen, jetzt hier.
Bitte Gott, hilf mir!

Dreieck

Ich.
Ich und Du.
Das sind schon wir.
Wir lieben uns.

Mal weiß, mal grau!

Manchmal ist alles weiß,
manchmal ist alles grau,
aber der Himmel ist immer blau.
Wenn alles aussieht, als wenn nichts mehr geht,
dann schauen wir wo der Regenbogen steht.
Der ist wie das Leben so Bunt
und für uns ein Motiv für ein zusammen sein, zu jeder
Stund.

Änderung

So vieles gegen uns in den vergangenen Jahren war
und die Welt jetzt ganz anders ist, das ist so klar.
Aber wir nicht - oh nicht!
Wir werden uns nie ändern, aus unserer Sicht.

Hier können Sie
ihre eigenen Gedanken und Gefühle
niederschreiben

_____

_____

_____

_____

_____

_____

_____

_____

_____

_____

_____

28

Ich verspreche dir

Das, was falsch war, bitte vergesse das für mich!
Das, was gut war, daran erinnere dich!
Meine Heftigkeit - verzeih mir!
Du wirst sehen, ich belohne es dir!

Ich will nichts Schlechtes, das Glaube mir.
Gut sein werde ich, das schwöre ich Dir.
Nur du verstehst mich nicht ein bisschen, jetzt und hier.
Habe deswegen bitte ein klein wenig Geduld mit mir.

Im großen Stress lebe ich hier.
Es ist ein verrücktes Inferno glaube es mir.
Wenn wir endlich doch schon zusammen leben,
es würde dann nie wieder Streit über Etwas geben.

Angst

Schritt, für Schritt, für Schritt!
Immer mehr Dunkelheit um mich ist.
Das Herz schlägt wie verrückt im Takt.
Die Panik mich gleich im Genick nun packt.

Schritt, für Schritt, für Schritt!
Ich sehe irgend einen Zaun
Über den ich springe, ihr glaubt es kaum
auch wenn ich heimlich dabei weinen muss.

Schritt, für Schritt, für Schritt!
Der Blutdruck immer weiter steigt.
Ich habe Angst, weil keiner bleibt.
Und ich Frage mich: „Wer drückt mich in dieser Zeit?"

Hier können Sie
ihre eigenen Gedanken und Gefühle
niederschreiben

Frühling

Ich schreibe dir Briefe, mein Bester.
Höre dabei das Pfeifen des Windes hinter dem Fenster.
Es ist der Frühling da, das ist wahr
aber das Wetter spielt verrückt, das war doch klar.
Dies stört mich jedoch nicht.
Ich sehe uns in meinen Träumen, jede Nacht.
Meine Gedanken haben mich dir näher gebracht.
Und das alles, weil ich dich liebe
und für alle Zeit gerne bei dir bliebe.

Einladung

Warm, wärmer, heiß, immer heißer, dann Hitze,
Magie der dunklen Nacht.
Die Lippen, sie sind feucht, nicht weil ich schwitze,
sie wollen etwas sagen, mit aller Macht …
Liebe, liebe mich,
ich will das echt.
Glaubst du mir nicht?
Komm, ich zeig es dir …, wenn es dir ist recht.

Erstes Mal

Ich senke meine Augen, wie ein kleines Kind.
Decke meinen Körper zu, geschwind.
Dass du nichts siehst, das ist der Sinn,
denn du kommst so stolz zu mir hin.

Du küsst mich so zärtlich, wie ich es begehre.
Schaust auf mich herab so mutig, ohne dass ich mich
wehre.
Schämst dich jedoch und gehst dann weg.
Ich lasse dich gehen, aber was hat das für einen Zweck.

Entdeckst du mich dann neu, merkst du, wie ich brenne.
Ich bin ganz hin, dass ich sofort zu dir hin renne.
Küsst du mich stürmisch - werde ich verrückt.
Gebe mich dir dann hin wie das erste Mal, was mich so
beglückt.

Hier können Sie
ihre eigenen Gedanken und Gefühle
niederschreiben

_____

_____

_____

_____

_____

_____

_____

_____

_____

_____

Dich zu fühlen

Ich hab dich endlich gesehen,
dies ließ für eine Weile meine Traurigkeit vergehen.
Etwas hat mich bewegt, etwas hat in mir gezittert.
Meine Augen haben dich gesehen, aber du warst zu weit
weg, wie bitter.

Ich wollte dich drücken und mit dir kuscheln.
In die Arme nehmen und leise über unsere Liebe tuscheln.
Etwas hat in mir geschrien nach dir,
und doch konnte ich meine Gefühle dir nicht zeigen, hier.

Endlich, endlich habe dich dann gefühlt,
so wie die Mutti ihre Kinder fühlt.
Wie Ehefrauen fühlen ihren Mann
wenn die Liebe gewinnt, und zieht sie in den Bann.

Arme kleine Tierchen!

Arme kleine Tierchen
gesehen,
bewundert,
gekuschelt.

Arme kleine Tierchen
verstanden,
getröstet,
gelobt.

Arme kleine Tierchen
gehört,
gehegt,
gemocht.

Arme kleine Tierchen
geliebt
gefühlt
und von ganzen Herzen geküsst.

Hier können Sie
ihre eigenen Gedanken und Gefühle
niederschreiben

Du Seele

Oh, komm meine Seele, so farbig und schmutzig!
Die Leidenschaft bringt mich um, so trutzig.

Sie brennt in mir wie eine Sternschnuppe.
Komm rette mich, denn ich bin keine Puppe.

Mein Körper ist in Not. Ich brauche dich.
Küss mein Herz, es schlägt nicht nur für mich.

Wieso hörst du mich nicht, in dieser Zeit,
mein Rufen in meiner Zerrissenheit?

Doch du versteckst dich und lachst über mich,
dabei weint hier mein Herz, ganz jämmerlich.

Ich rufe dich laut und erhebe meine Hände.
Meine Worte würden füllen viele Bände.

Ich kann nicht mehr …
Höre mich bitte an, das wünsche ich mir so sehr …

Abend

Hinter dunklen Wolken sich bereits die Sonne versteckt,
doch schauen ihre hellen Strahlen hier und dort faul durch
einen hellen Fleck.

Der Tag macht sich fertig, um schlafen zu gehen
genauso wie die Sonne zuvor, so war es zu sehen.

Mit immer kräftigerem Orange überzieht sich der Horizont
im Blick.
Ich sing ein Liebeslied, mein Herz schlägt dabei vor Glück.

Der Wind soll forttragen, meinen Gesang
zu meinem Lover bei Sonnenuntergang …

Was ist Poesie?

Poesie ist eine menschliche Vorstellungskraft,
erfunden für die Welt, das ist sagenhaft.

Worte, Gefühle, Gedanken, Sehnsüchte werden hier fixiert.
Poesie kann beschreiben, was nicht existiert.

Leiden und Traurigkeit kann sie lindern, so ist es gedacht.
Aber auch Schönheit drückt sie aus, das wäre doch gelacht.

Die Poesie ist für jeden gemacht.
Nicht nur für diejenigen, die sie verstehen, Tag und Nacht.

Hier können Sie
ihre eigenen Gedanken und Gefühle
niederschreiben

Ich gebe ...

Ich und du und unsere Tränen.
Du und ich, zwei Herzen, für die wir uns nicht schämen.

Mein Herz sagt deine Wünsche mir,
Dein Herz, es fordert mich auf gleich hier.

Was habe ich für dich übrig in meinem Leben?
Seele, Herz, Körper und Hände werde ich dir geben.

Alles, was du begehrst?
Bitte, nimm es, wenn du dich auch vielleicht wehrst!

Mein Herz, meine Tränen ich gebe sie dir.
Nimm alles, wenn du willst, gleich hier!

Im Ozean ...

Im Ozean der Welt,
schwimme ich durch die Tage, wie ein Held.

Seemöwen kreisen in der Sommerluft,
ihnen zu zuschauen ist schon eine Lust.

Und er sagt zu mir, wie schwierig es ist,
wie schwer es ist zu leben, wo du auch bist.

Wie leer er ist, wenn es nichts zu trinken gibt,
genauso wenn es keinen gibt, der einen liebt.

Der erfrischende Nektar ist wie ein Liebestrank dann,
ein Tötungsgetränk, wenn Mangel herrscht daran.

Adrianna
Sidonie

Du sagst immer ...

Ich war dort und ich bin auch hier.
Es war wie ein Traum, konnte nicht schlafen, glaube mir.

Wie das ist ? Ich weiß es nicht ...
Seltsam schon, die Worte, die man nicht ausspricht.

Ich schreibe dir deswegen einen Brief, ein paar Worte.
Antworte mir, auch wenn du bist an einem anderen Orte!

Es ist immer noch wie in einer dunklen Nacht.
Mir ist kalt, nehme eine Decke, habe ich mir da gedacht.

Tränen kommen, sie rinnen die Wangen entlang.
Das Herz es zittert, sei nicht bang.

Schweigen, nur noch schweigen an diesen Tagen,
und doch will der Mund etwas sagen ...

Also sage ich: Komm her zu mir!
Wickle mich mit deiner Decke ein, gleich hier.

Dann wärme ich mich an deiner Hitze,
du berührst mein Ohr mit den Lippen, dass ich schwitze.

So sage ich immer: „Ich liebe dich."
Wenn du dies auch sagen würdest, wie schön wäre das für
mich.

Explosion

Du spannst den Bogen meiner Ausdauer
und der Pfeil der Sehnsucht trifft noch genauer.

Er dringt in mein Inneres ein,
doch ich bin immer noch allein.

Ob im Land der Sonnenuntergänge, in der weiten Wüste,
trügerischer Absicht oder bösen Einfluss, wenn ich das nur
wüsste.

Komm endlich, nutze meine Verliebtheit
und bedecke mich mit feuriger Zärtlichkeit.

Treibe es nicht auf die Spitze
brauche keine Lügen und Aufregung, wenn ich hier sitze.

Sondern verehre mich mit deinen Lippen,
vernimm die Rufe meines Erfreuens und die Stille mit
Blicken.

Es passiert

Mein Leben wurde mir von heute auf morgen genommen.
Ohne Worte und Hemmungen, ich bin noch ganz
benommen.

Ich gehe jetzt durch das Nichts voller Übelkeit
und schaue in den dunklen Raum der Traurigkeit.

Ich wate immer tiefer und kann es nicht fassen.
Die Seele wurde verletzt verlassen.

Leere im Herzen, das Gefühle haben will.
Das Ende kam so plötzlich und jetzt ist es ganz still.

Es wird nie mehr so wie früher sein, das Leben,
denn niemand wird bei mir sein, mal so eben.

Achtsamkeit!

Achtsamkeit heißt den Moment, den Augenblick im Leben
bewusst in sich aufzunehmen.
Dabei geht es nicht um das Denken, Handeln und Streben,
sondern um das einfache Dasein des Eben.

Es geht um die eigene Weisheit,
und ob man zur Annahme und Akzeptanz ist bereit.
Nur dann ist man geneigt
zum Loslassen zu jeder Zeit.

Nicht der Vergangenheit nachtrauern
und auch nicht auf die Zukunft lauern.
Es zählt nur der Augenblick,
der dir die Achtsamkeit für das Leben schickt.

Erst wenn du lernst die Signale des Körpers zu verstehen
werden innere und natürliche Verbindungen entstehen.
Nicht bestimmte Empfindungen gilt es zu beschwören,
sondern einfach aufmerksam das Jetzt zu hören.

Achtsamkeit ist die Zauberkraft,
die das bewusste Leben schafft.
Nur durch die Klarheit und die innere Gelassenheit
sind wir für die vielen kostbaren erlebten Augenblicke bereit.

Ernst-Ulrich Hahmann (2012)

ADRIANNA AGNIESZKA SZEWCZYK

geb. 1979 in Szczecin (Stettin) Polen, lebt in Bad Salzungen. Nach der Grundschule Besuch des allgemeinen Lyzeums und Studium an der Technischen Universität in Stettin. Praktika an technischen Universitäten in Polen und Studium an der Universität in Kassel in der BRD. Gearbeitet als Diplom Ingenieur für Werkstofftechnik, Ingenieur für Management und Marketing und als Spezialistin für Psychologie und Soziologe.

Nach dem Studium in Deutschland gearbeitet als Lagerleiter und Logistikerin in Polen. In dieser Zeit sechs Jahre lang eine eigene Firma für Großhandel von Industriemaschinen und Werkzeuge geführt. Nach der Einreise in die BRD beschäftigt als Servicekraft im Fitness Studio und als Zustellerin. Tätig als Altenpflegerin.

<u>Veröffentlichungen:</u>

„Konzept der intelligenten Temperaturkontrollzone des Extruders unter Berücksichtigung der Scherwärme" (Wissenschaftliches Blatt Nr. 7 (2002) Fakultät für Management Technische Bialystok.)

„To lubie" (Co-Autor Tomik Wierszy 1995 – 2001)